미완성 수채화

미완성 수채화

이영국 시집

신아출판사

시인의 말

은혜로운 산물들이
넘쳐나는 풍요로운 가을

서리내린 지붕 위에
노랗게 익은 호박 하나
그 안에 숨겨진 숱한 얘기들로

마음이 가난한 자
기댈 데 없는 외로운이에게
따스한 가을볕을 쏘입니다.

2023 가을 끝자락
백야 이영국

차례

시인의 말

1부
갈대의 마음

가을 오후 12
갈대의 마음 14
겨울 들판 15
그믐달 16
내가 찾는 새는 떠났다 18
못다 한 이야기 20
비가 내리는 날엔 21
12월에 부친 편지 22
안개가 걷히면 24
외로움 26
저녁노을 27
초저녁별 28
하얀 비둘기 29

2부
안개

가을이 붉게 물들면　32
겨울 끝　34
겨울 바다　36
기다림　38
노을　39
미완성 수채화　40
사과나무　42
아름다운 만남　44
안개　45
은행나무 꽃　46
전주천의 봄　48
출근길　50
해망동 수산시장　52

3부
짧고도 긴 여행

가을 이야기 56

겨울나무 57

겨울비 58

눈송이 59

낙엽 60

반달 62

사랑의 하모니 63

아름다운 새벽을 기다린다 64

인연 66

짧고도 긴 여행 68

팽목항 70

약속 72

사랑의 시 74

홍시감 76

4부
시처럼 음악처럼

가을 풍경 78

겨울날 79

관심 80

낙엽을 밟으며 82

백일홍 83

당신 곁에 머무르고 싶다 84

시처럼 음악처럼 86

아직도 못다 한 사랑 88

어느 팔순 학생의 인생 노래 90

장날 92

첫눈이 오면 94

푸른 바다를 생각한다 96

화수분 98

5부
장항포구

갈대 102
그리움 103
겨울 들길에서 104
난초 106
들국화 107
보름달 108
12월 109
어머니 110
장항포구 112
초승달 114
안개꽃 116
풀꽃 117
화이트 크리스마스 118

평설

수채화 같은 서정시의 전범典範 122
소재호(시인 · 전북예총 회장)

1부

갈대의 마음

가을 오후

은혜로운 산물들이 넘치는
풍요로운 가을 오후

서리 내린 지붕 위엔
잘 익은 늙은 호박 하나
그 안엔 숱한 얘기들이 넘쳐나고

마음이 가난한 자
오라는 이도
가라는 이도
기댈 데 없는 외로움에
따스한 가을볕만 비추인다

밀려오는 고독에
종달새 우는 추억의 산길을 걸으며
서쪽 하늘의 구름을 따른다

가을빛이
스멀스멀
비추이는 오후.

갈대의 마음

어린 사슴 눈빛보다
호기심이 많았던 시절

누구와 얘기를 나눌까
누구와 노래를 부를까

가슴 저미는 그리움에
흔들리는 갈대 붙들고 살았다

세상을 기웃거리는 갈대는
강바람에 온몸을 흔들어댄다

내 마음은 비바람에 쓸려
휘어지는 갈대를 붙들고 버티며 살았다.

탐욕의 짐 덜고서야
비로소 갈대의 마음을 알았다.

겨울 들판

마음을 비운 사람은
바람에 흔들리지 않고

욕망이 가득한 사람은
자신의 덫에 갇힌다

가진 게 없어도
영혼이 맑은 사람은

겨울 들판에도 푸른 물결 넘친다.

그믐달

한순간
지고 마는 달이 되어도
당신 곁에 머물고 싶다

여명이 오기 전에
흩어진 조각들 모아

빈 달을 메워가며
어둠 속에 고개를 내밀고 싶다

이 땅 위엔 숱한 사연들로
모든 것이 가득 채워져 있었다

주체못할 벅찬 감정이 있던 날
수많은 별들은 동트는 소리에
은하수 저편으로 하나둘 사라졌다

광명 뒤엔 어둠이 있다

제자리에 있는 것은 없다
세월이 흐르면 변하기 때문이다

남겨진 시간
그 어떤 것에도
의지할 수 없을 땐 하늘을 보자

언젠가는
돌아오겠다는
그 기억만을 떠올리며
하루하루를 살아가자

한순간 지고 마는 달이 되어도
당신 곁에 머물고 싶다.

내가 찾는 새는 떠났다

갈바람에
출렁이는 물결 따라
내가 찾는 새는 떠났다

애절하게 들리는
귀또리 소리에
허물어진 가슴 안고 떠났다

만추의 잎새는
화려했던 지난날의
추억이 남아

갈대는
인연의 끈을 놓지 못해
애가 타 강변을 노랗게 물들였다

꽃은 피었다 시들고
사랑은 잠시 머물다 간다

꽃그늘 머문 창가에
떠가는 구름 아픔이 깃들고

코스모스는
엉킨 실타래를 풀려고
온몸을 흔들어 대지만

살아온 날보다
살아가야 할 시간이 적기에
바램보다 나눔의 마음으로 산다

내가 찾는 새는
한파가 밀려와
따스한 그리움의 꿈 터로 떠나갔다.

못다 한 이야기

홀로 있는 날엔
세상의 외진 그늘에

끝내 못다 한 이야기 남아
허물어져 가는 나를 보았다

단풍 드는 계절이 오면
황혼빛이 붉어서 더욱 슬프다

세찬 바람은
나를 외진 곳으로 몰아세웠다.

비가 내리는 날엔

비가 내리는 날엔
사랑을 헤듯

진한 커피 향에
그리움 날개 접고

둘만의 따스한 정을
나누고 싶다

살며시 만지고픈
수줍은 불이 어룽질까 봐

두 손을 꼬옥 잡고.

12월에 부친 편지

바둥대며 살아온 삶
된서리 맞아
쇠락의 끝자리에 서있다

마주 보고 자란
그리운 사람은
지금 어디에서 저물까

지나간 꿈을 뒤척거리다
밀려오는 눈꽃 세상에
하얀 밤을 지새운다

이 길을 가면
돌아오지 않을 너
무너져 가는
계절의 끝자락에 매달려
실컷 울어나 볼까나

늦은 저녁
텅 빈 거리를
헤매며 실컷
밤이슬에 젖어나 볼까나

떠나가는 인연
진실이 남아 있기에
뒷걸음치는 그리움들
주섬주섬 모아
빨간 우체통에 넣는다.

안개가 걷히면

회색빛 도시에
안개에 싸인 밤이 오면

그리움이 날개를 펴고
잃어버린 사랑을 헤듯

꿈도 별도
내 곁으로 다가선다

길가에 가로수 벗 삼아
꿈을 향해 안개 속으로 떠난 시절

은빛 개울물을 따라
콧노래를 부르고 가다

머루 향에 취하고
산딸기 맛에 정신 팔려

어느 낯선 곳을 헤매다
그만 어둠 속으로 빠져 들었다

언제는 기쁨으로
언제는 슬픔으로

화려한 꿈 흘러간 뒤
가던 길 뒤돌아 왔지만

바람에 날려가 버린 그 시절

안개가 걷히면 푸른 잎을 틔우고
향기 가득한 꽃밭을 만들고 싶다.

외로움

이별의 아픔은
소 울음보다 처량했다

지워지지 않는 모습에
가로수에 밤안개가 어린다

가슴 맺힌 사연이
가슴속 치미는 불덩이가 되고
망아지에 짓밟히는 들풀이 되어도

연약한 풀은 꺾이지 않고
바람에 몸을 맡겨 부대끼며 순응한다

인간에겐 외로움은 누구나 있다
외로울 땐 외로워하고 외로워하자.

저녁노을

그대 향한 마음을
서산은 모든 것을 아는 듯

애처로운 사랑에
힘겨운 눈빛을 지우지 못하고
분홍빛 사연을 곱게 물들인다

붙잡을 수 없는 마음
혼자만의 애태움에

저녁노을은
붉게 타들어 간다

마음이 울적해지는 것은
노을빛이
사라지는 것이 두렵기 때문이다.

초저녁별

화려한 꿈 흐른 뒤
어둠과 함께 찾아온 초저녁별

잠시 왔다가 사라지는
어둠을 경계했지만

서산은
붙잡을 수 없는 마음을 아는 듯

새로운 얘기에
힘겨운 눈빛 지우지 못해

하늘엔 짙은 어둠만 가득하다.

하얀 비둘기

어둠은 내리고
새들은 둥지 찾아
제 갈 길로 가는데

잿빛 비둘기 무리 속에
하얀 비둘기 한 쌍을 보았다

잿빛 비둘기들은
저마다 목덜미를 틀어
무지갯빛을 뿜어내는데

하얀 비둘기는
빛을 낼 수 없어

머리를 틀지 못하고
어둠 속을 하얗게
물들이며 짝지어 날아갔다.

2부

안개

가을이 붉게 물들면

어느 날
누군가를 문득 만나고 싶어
길을 나서지만 반갑게 맞아주는 건

길가에 핀 코스모스가
가는 허리를 흔들고

너풀대는 갈대꽃만이
갈바람에 날리고 있다

코스모스 꽃길을 따라
잰걸음으로 걷다가

까치밥 다 떨어지기 전에
나를 맞아줄 사람을 찾아가자

감나무 까치밥도
두 개가 다정해 보이고

무리 지어야 외롭지 않다

가을이 붉게 물들면
내 마음도 붉게 물들이고 싶다.

겨울 끝

끝이 보이는
그리움 너머로

수많은 별들
하나둘 사라져가고

꿈이 조각난 후에야
비로소 그대 눈 속에
따뜻함이 느껴지는 것을 보았다

이젠 탐욕을 내려놓을 때

인생이 녹이 끼지 않게
소유에 미련 두지 마라

잿빛비둘기 목을 틀어
잿빛하늘을 보랏빛으로 물들였다

부리는 남모를 서러움에
응혈 진 그리움 토하고

얼룩진 가슴은
밀려오는 고독에
마음 비우고 너를 떠나보낸다.

겨울 바다

겨울 바다는
그 뜨거웠던
여름을 보내고
늠실거리는 파도가 나를 불렀다

추억의 강을 따라
시련의 숲과
고통의 강을 지나

불 꺼진 항구에서
스산한 내 마음을
저녁노을로 붉게 물들였다

가슴은 별처럼 빛나고
인생을 노래했던 그곳

울부짖는 파도 소리에
묵은 마음을

새 마음으로 채웠던 그곳

끝이 없는 바다 위로
밤하늘에 별이 가득한 그곳

내 영혼은
바다를 보고
지극히 작음을 깨닫고
갈매기처럼 오래도록 울었다

오늘과 다른 내일을 살고 싶다.

기다림

소나무가 한겨울에도
젊음을 잃지 않는 것은

대나무가 눈발 속에서
푸른 잎을 틔우는 것은

비바람과 함께 불쑥
다가와 줄 것만 같은
그대를 기다리고 있기 때문이다

오늘도 먼발치서 들려오는
발소리 귀 기울이며 하루를 보낸다

우리는 어디쯤 와 있는가
내 마음에 밤바람이 마중 나왔다

타인같이 있는 듯 없는 듯
사랑의 기다림으로 하루를 보낸다.

노을

해 저문 창가에
분홍빛 사연들이
나뭇가지마다 곱게 피어났다

저마다
구름같이 왔다가
금방 사라질까 봐

그대 향한 마음에
발걸음 멈추고
떠올리는 그리움 하나

세월과 함께한
향기롭던 꽃들이
쓰러져가는 저녁

내 가슴 우는 것을
서산은 아는 듯
저녁노을은 고개를 떨구고 있다.

미완성 수채화

세월은 기다려 주지 않고
우리를 떼어 놓았다

해질녘 바다를 찾은 것은
오늘도 구름이 드리워진
넘을 수 없는 수평선이 있기 때문이다

출렁이는 파도에게
물어보았다

어디가 하늘이고
어디가 바다냐고

그리움이 고통스러워
그 마음을 물어보려고
비가 내리길 한참이나 기다렸다

비바람과 함께 불쑥

찾아올 것만 같은 그대

빗줄기에 내 마음을 맡기고
잃어버린 시간을 되새겨 본다

수많은 배들은
넘을 수 없는 경계를 넘나드는데

내 그리움은
오늘도
뒷걸음쳐야 하는 인연에
미완성 수채화를 메워간다.

사과나무

칠십 평생
허리 병 얻어 일군 재산
화마는 남편과 함께 쓸고 갔다

죄라면 4남매 꿋꿋이 서게 한 일

빈 들에서
못다 한 꿈이 남아
따가운 햇볕 등에 지고
척박한 황토밭을 땀으로 일구었다

중학교 두 해
고등학교 두 해

옹색한 삶 속에서도
배움에 목말라
밝힌 촛불은
사과나무에 열정의 불을 지피고

상아탑 열기는
튼실한 열매 맺도록
내일을 향해 밝은 빛을 뿜었다

이젠 엄습하던 고독도
다독이는 방편을 터득하여
익어가는 벼 목처럼
숙성된 자신으로 즐기게 되었다

벼만 익을수록 고개를 숙이랴
늦깎이 학생의 배움의 깊이는
굽은 허리가 더 굽어지고

햇살을 머금고 익어가는
능금은 어찌 사과나무만의 결실이랴

내 삶의 알차고 보람된 열매인 것을…

화마가 지나간 자리
새로 지은 슬래브 집은
자식들마저 도회지로 떠나
혼자 지내기엔
공간이 너무 넓다.

아름다운 만남

아름다운 만남을 위해
나만의 빛깔을 드러내자

지나친 욕망은 화를 부르고
사랑이 무너지지만

사랑은 수평을 이룰 때는
진정한 사랑을 꿈꿀 수 있다

이 세상 모든 것은 미완성
수수께끼 같은 것

아름다운 만남을 위해
인연을 찾아 마음을 먼저 열자

세상이 아름다운 것은
진정한 사랑을 꿈꿀 수 있기 때문이다.

안개

소유의 굴레를 벗어나
바라보는 기쁨만 생각하자

숨 막히는 적막함에
잡으려 해도 잡히지 않는 신기루

다가가면 멀리 달아나고
아쉬움에 뒤돌아 붙잡으면
비가 되어 내린다.

은행나무 꽃

은행나무는 마주 보아야 열매를 맺고
은행나무 꽃은 자세히 보아야 보인다

꽃들은 태양을 향해 있고
호숫가 나무들은 호수 쪽으로 머리를 기운다

보이지 않게 마음과 마음을
환하게 열어주는 소통의 꽃

이웃의 꽃을 아름답게 피우려고
자신을 감추고
덩달아 피우는 은행나무 꽃

어린 사슴 눈빛보다 맑은 눈빛으로
이제는 저 밝은 태양을 향해
환한 얼굴을 들어 올려라

날개를 활짝 펴고

풍성한 열매를 맺어보아라

네 작은 꽃의 가르침
온 세상에
너의 선행 퍼져간다

은행나무는 마주 보아야 열매를 맺고
은행나무 꽃은 자세히 보아야 보인다.

전주천의 봄

봄 앓이 버들개지
솜털을 토하고

수달은 미풍 심술에
고개를 살며시 내민다

징검다리
징검 징검 건너온 실바람

새들에게
참았던 그리움 전하고

백로는
기지개를 펴고
아름다움은 순간이라고
우아한 자태를 뽐낸다

몸 풀린 천은

얼음장 같았던
마음까지도 녹였다.

출근길

자욱한 안개 속에
나부끼는 갈대는
내 영혼의 한줄기 넋
바람결에 흔들리며
너에게로 다가간다

짙은 음영의 갈대숲은
정으로 얽힌 만남의 은유
인연의 끈은
파다하게 강가에 번지고

우리의 이야기는
하나로 굽이치며
키를 가지런히 가다듬는다

우리가 가꾸는 세상
서로 몸을 비비며 서걱거리며
한 줄기씩 붓길 보태어가는 것

이것도 고운 한 폭의 수채화가 아닐까

출근길을 덮으며 몽긋거리는 안개
오히려 인생 여정은 뿌연히 아름답다

한 폭의 수채화는
출근길에 백로를 부른다.

해망동 수산시장

수많은 사람들
쓰린 아픔 속 감춘 채
만나고 헤어졌던 곳

깊은 사연 받아 안은 바다
밀려오고 밀려가는 파도로
어루만져주고 다독여
마음 달래주던 곳

갖가지 어물은 서럽게 전 벌리고
삶의 애환 담은 푸념 소리로
찾아오건 말건 상관없이
큰소리로 손님 부르던 곳

비릿한 어시장 갖가지 정경
한입씩 입에 문 하얀 갈매기
하늘과 바다 푸름으로 맞닿은
수평선 위의 한 폭 수채화

얼큰히 취한 눈빛으로 바라보는
횟집 칸막이 틈새로
부단히 바뀌는 인생 파노라마 보며

오늘따라
밝음만 그득 품에 안고
다가서는 고운 님 눈에 선하여
비린내까지도 마음에 쏙 드는
군산 해망동 수산시장.

3부

짧고도 긴 여행

가을 이야기

소슬바람에
한들거리는 갈대는

갈색 향기
묻어오는 길목에서

붉게 물든
사랑의 빛깔을 전하고

하얀 잇몸의 석류는
잘 익은 홍시의
숨겨진 이야기를 전한다

낙엽 위를 걷다가
고운 단풍 주워
책갈피에 곱게 끼워 넣듯

인연의 끈을 꼬옥 붙잡고
가을에 흠뻑 취해보고 싶다.

겨울나무

삭풍에
시달린 겨울나무

앙상한 가지만 남도록
바쁘게 살았는데

어느새 황혼이 다가와

보고 싶던 얼굴들
하나둘씩 사라져간다

너와 함께한 그 자린
다시는 돌아오지 않을 너

둥지 잃은
새들의 마음을 누가 알리.

겨울비

밤새
숱한 사연들로
온 밤을 헤매다

새벽에
소리 없이 찾아온 손님

빗줄기는
남모를 서러움에

가는 세월
붙잡고 매달려도 보지만

늘 함께했던 시간들을
울며 울며 보내며

줄기차게 내리는 비는
메마른 대지를 촉촉이 적신다.

눈송이

나뭇가지 위
하얀 눈송이

내 마음
아는지 모르는지

마주치면 피하고
다가서면 숨어버린다.

낙엽

남모를 서러움에
가슴 속 응어리가 뜨겁게 타올라

붉은 선열의 노을빛은
하늘을 붉게 데우는 것일까

가을이 되어 떠나는 낙엽
푸시시 영혼까지 붉게 태우는 것일까

지는 잎새는
붉게 물든 또 하나의 나

서러워지는 가슴은
어느덧 가을로 익어가고

사그라뜨리고 싶은
내 영혼의 그을음은

불쑥 찾아올 것 같은
하이얀 그리움

비워내는 계절에 오히려
가득 고이는 그리움.

반달

말없이 다가와
달아날까 두려워
사랑을 쪼개
기약 없는 내일을 산다

기다림은 길은데
함께한 시간은 짧아
머물고 싶은 미련에
새벽녘 달무리는
퍼렇게 멍들었다

절반의 사랑을
진실의 조각들로 메워보지만
채워지지 않는
빈 마음은 곁에 두고
그저 바라만 본다.

사랑의 하모니

눈송이에 묻어나는
동심의 따뜻한 미소

온 마을을 하얗게 덮고
사랑의 하모니가 농익어 갈 때

잊힌 얘기들은
소복소복
타래로 쌓이고

동구 밖 삽살개
찍는 발자국 따라
산울림도 조용히 꽃으로 번진다.

아름다운 새벽을 기다린다

하루 또 하루
밤이면 슬피 우는 두견새가 된다

고독한 인생길
오라는 이도 가라는 이도 없다

낯선 거리엔
낯익은 게 없어 더욱 섧다

내 인생 내 지게에 지고

그 누구도 모르는
나만이 아는 일을 사랑하자

그 누구도 모르는
나만의 일을 또다시 시작하자

내 마음은

비상을 꿈꾸며
아름다운 새벽을 기다린다.

인연

사랑의 원천을 향해
미동으로 뻗어가는
내 마음의 여린 실뿌리

촉촉한 물기인 너
인연의 애틋한
몸짓으로 감싸줌에
우쭐우쭐 키워가는 용기

다른 빛깔이면 어떻고
낯선 향기면 어떠하랴
겉 보이는 허상
훌훌 벗고 한 축이 된 너인데

삶의 애달픔 씻은
붉은 저녁노을
어찌 지침에 이운 빛이리라고
곱게 물든 환희의 홍조 아니랴

나는
너의 디딤돌이 되고
너는
나의 버팀목이 된 인연

보이는 것
들리는 것
모두가 기쁨의 쾌재인 것을…

짧고도 긴 여행

꼭 그래야 할 이유가 있는 듯
배낭을 메고 훌쩍 떠나는 발길

역에서 만난 사람들의
이야기를 귀담을 때
철마의 차창밖엔 부서지는
파도의 파편들이
저녁노을을 지피우고

샘 토프트의 선율 따라
미운 오리 앞장세워
코 큰 주인은 얼룩이와
여인을 부추기며 발걸음을 재촉한다

주인의 스카프는
뱃고동 소리에 놀라
이름 없는 포구에 닿았다

깊어가는 심연에
마음 둘 곳 찾아
아낙의 푸념 들으며
갓 잡아 온 생선에
허기진 배를 채우고

옆자리 시선도 함께하며
젖은 집단 태우듯
추억의 불씨를 지핀다

새싹 눈 뜨는 숲길에선
새가 떠나려는 이유를 듣고
시샘에도 제 갈 길만 가는
구름까지 전송한 뒤

배낭에 꼬깃꼬깃 담겨진
퇴색해 버린 삶의 흔적들마저
비우고 돌아오는 길
그 빈자리 비밀스런 이야기만
가득 담긴 짧고도 긴 여행.

팽목항

빛나던 별들은
찬 달 아래 잠들어
세월의 위로
은하수가 되어 흐른다

아우성을 머금은 바다
보는 순간 말문이 막혀
봄날인데도
마음이 얼어붙었다

마지막 가는
봄의 시샘에
수많은 꽃봉오리가
우지끈 꺾여 버려졌다

팽목항은
오늘도 말이 없다
세찬 바람에 파도는 일렁이고

하늘은 멍들어 온통 잿빛이다.

밤하늘에 은하수가
수를 놓을 때면
성난 군홧발이 내 마음을 짓이겨
바다를 차마 못 보고 돌아선다

길을 잃어
돌아올 수 없는
어린 양들의
눈물 의미를 누가 알까

죄인 같은 부끄러움에
성난 파도에 푸념만 늘어놓고
해야 될 말은 한 마디도 못하고 돌아왔다

오늘도 은하수는 무지개처럼 하늘에 걸려 있다.

약속

하늘이 온통 잿빛이라서
당신의 마음도
흐려질까 봐 걱정됩니다.

이미 내 마음속에 있는 당신
인생은 미완성이요 영원하지 않기에

곱게 피었다가 시드는 꽃이듯
단풍 들어 떨어지는 낙엽이듯
다진 약속 흐트러질까 걱정입니다

삶의 아픔일랑
흐르는 세월의 물줄기에 실어 보내고

인연이 다하는 그 날까지
비 갠 맑은 하늘만 소망해 봅니다

당신과 나

우리로 하나 되며 마음에 새긴 약속
영원히 아름다워야 하니까요.

사랑의 시

소리 내면 날아갈까 봐
당신의 해맑은 미소

마음속 깊이 담아 두고
사랑을 위한 시를 쓴다

참 사랑을 느끼고 싶다면
그냥 오는 사랑을 바라지 말자

서로의 노력으로
만들어 가는 사랑이 참사랑이다

마른 장작이 쉬 타 듯
잠시 머무는 게 인생이지만

젖은 집단 태우 듯
오랜 시간 함께 머무르고 싶다

사랑한다
헤어지자
내 곁에 있어 달라는 말도 말자

그냥 이대로가 좋으니까

바라만 봐도
생각만 해도
정을 나누고 사는 것이 축복이니까?

홍시감

사붓사붓
가까이 다가온
불그스레해진 홍시

바람의 유혹에 달아올라
삭히려다 물컹하나

우리 할매
주린 배 채워주고

바람의 유혹에도
꼿꼿이 매달려 있다.

4부

시처럼 음악처럼

가을 풍경

우북하게 핀 갈대는
구슬픈 따옥새 울음에
온몸을 마구 흔들고

방초 향기에 핀 들국화는
들녘을 하얗게 물들인다

잎새들이 하나둘 떠나
기댈 데 없는 가을나무

풀벌레가 아는 듯 울어대다가
제풀에 지쳐 어둠에 묻히고

새들은
단풍이 붉게 물든 사연을 전하고

가을 햇살은
내 삶의 빛깔을 붉게 물들였다.

겨울날

지난날
아픔의 흔적은

내 슬픈 밤을 지키고

병든 마음은
어둠에 지쳐 야위어간다.

관심

북풍받이 문간방에
조현병을 앓는
여인을 남겨두고

한걸음에 남편이
한걸음에 아들이
제 갈 길로 떠났다

뜻하지 않은 영별에
몸 앓아누운
막무가내 인생

외로움을 주체못해
오십 줄에
늦깎이 학생 되어
학교 버스에 몸을 실었다

상아탑의 하루는

어눌한 말씨와
잦은 괴성을 핑계로

쏟아붓는
따가운 시선 견디지 못하고
밖으로만 쳇바퀴 돈다

쓰린 생채기 할퀴는 시선
아는 척 모르는 척 홀로 삭이며
뿌리내린 세월 어언 두 해

차가움 녹이는 관심
한줄기 훈풍이듯

커피잔에 담긴
따뜻한 온기와 향기로
다독이는 관심

조현병을 앓던
늦깎이 학생은
한 송이 밝은 꽃으로 변해 있었다.

낙엽을 밟으며

꽃길 따라 걷다가
꼿꼿이 사는 일이 힘들어
가을 들녘에서 서성거린다

호수의 풍경은 아름답지만
물 빠진 호수는 황량하다

처음과 끝이 다른 사람이 있고
떠날 때 더 멋진 이들이 있다

저녁노을은 한순간 머물지만
행한 일들이 헛되지 않아
멋스러움을 두고두고 기억한다

떠날 때 모습이 멋진 사람이 되자
멋스러움을 두고두고 기억하는 사람이 되자.

백일홍

쓰르라미 우짖는
나른한 오후
졸다가 빛을 발한 백일홍

가슴이 멍울져도
지워지지 않을
먼 훗날의 꿈처럼

사랑으로 머물고파
부르지 못한 이름 석 자

백 일 홍.

당신 곁에 머무르고 싶다

눈먼 세월은
떠다니는 구름 되어
쉴 곳 없는 나그네처럼 떠도는데

서산에 줄지어 날아가는 철새는
구름을 타고 어디로 날아가나

흐르는 강물은
낯선 물 위를 걷느라
시퍼렇게 멍이 들었는데

바다는 늠실대며
파도를 타고 어디로 흘러가나

가슴속 외로움
불꽃이 될 양이면

부대끼는 삶이라도

너에게로 다가가
하루해를 보내고 싶다

혼란스러운 세상
허튼일에 흔들리지 않고
당신 곁에 머무르고 싶다.

시처럼 음악처럼

누구와 애기할까 생각하다
홍조 띤 그대 볼이 떠올라

네 마음
내 생각

시의 향기를 따라
서정의 강물에 한 편의 시를 띄운다

머리와 마음은 서로 달라도
겉으로 보여지는 것 마음에 두지 마라

삶은 한순간 순간이 소중하다

나무가
꽃을 피우고 열매를 맺듯
온 힘을 다해 희망의 노래를 부르자

뿌리가 튼튼하면
잎이 무성해지듯
진실이 넘치는 사랑의 노래를 부르자

홍조띤 그대 볼이 떠올라
시처럼 음악처럼 한 편의 시로 살고 싶다.

아직도 못다 한 사랑

길가 코스모스가
내 마음을 흔들고

탐스러운 홍시같이
가을은 익어간다

혼자 가기엔
너무 긴 세월

황혼에 눈물이 물들 때면
이별의 순간을 맞겠지만

바람이 전하는
못다 한 사랑의 노래를 부르련다

짧은 듯 긴 한평생
노을이 진다는 건
그대와 함께할 시간이 줄고

발걸음이 더딘 것은
못다 한 이야기가 남았기 때문이다

언제 변할지 모르는
앞으로의 행로에 내 안의 생각을 추스르고

단 한 번의 유일한 길이기에
아직도 못다 한 사랑의 노래를 부르련다.

어느 팔순 학생의 인생 노래

그녀의 생은 한껏 무거웠다네
험하던 인생 여정 징검 징검 건너
세사에 거칠어진 손 내미네

만년 세월의 갈피에 얹히는
부끄러운 팔순 할매의 서사
세월이 약이라 했던가

파란만장한 시절
시장통 각설이 삶은 흘러가고
늦깎이 팔순 학생은
오히려 푸르른 꿈의 소녀

성산포 저녁노을을
가슴 액자에 거는
낭만파 곱상한 소녀

그의 뒤뚱거리는 걸음으로

바다는 출렁이고
산이 제 그림자를 자꾸
들녘에 눕힐 때
안개는 백내장처럼 덮여

그리하여
마냥 고단했던 삶

그녀와 성산포에서 함께한
추억의 시간 삯이라며
꼬깃꼬깃 지폐 한 장
손에 꼬옥 쥐어주고 달아났다

언뜻 전해오는 따스한 손길의 온기

그리고 부끄러워서 수줍어서
시선은 물끄러미 창밖으로 보내고 있었다.

장날

엿장수의
구성진 가위소리에
모여든 정겨운 사람들

순대에
곰삭은 젓갈 얹어
주거니 받거니
마시는 막걸리잔에
살가운 얘기가 넘친다

젓갈 비린내 진동하고
시골 장터 흥이 돋워지면

꼭두새벽에
묵은 정 담아
늙은 호박 하나
곡물 몇 되를
머리에 이고 온 할매

국내산이냐
따지는 소리에
골진 주름만 깊어간다

상인들은 사든 말든
손 벽 치며 외치는 소리에
삽살개가 따라 짖고

각설이 타령에
장터 사람들과
진종일 놀다가
할매에게서 산
늙은 호박 한 덩이 들고
다음 장날을 기다린다.

첫눈이 오면

첫눈이 오면
누군가를 그리워하다

그대 시선이 머무는 곳에
끝없는 소망을 기원해 본다

어디선가 들려오는
'눈이 내리네' 노랫소리에

소복이 쌓인 눈길을 걸으며
송이송이 이야기를 담아

하얀 그리움을 일구고
산울림은 눈꽃으로 번진다

어둠은 내리고 눈보라에
온천지가 하얗게 변해갈 때

고달픈 내 마음은 서서히
평화로움으로 잠기고

흩날리는 눈송이들은
환한 미소를 담아 날아간다.

푸른 바다를 생각한다

기댈 데 없는 외로움에
슬픔이 찾아와

찬달 앞에
숱한 얘기들을 담은

들국화가 달 아래
유난히 희어 보인다

가는 나이 붙들고
흰 물새 찾아 실컷 울어 볼까나

친정집 가는 들뜬
새댁의 마음으로 나서서

물위에 빛나는 태양을 찾았다

파도가 일렁이는

늘 푸른 바다를 찾았다

푸른 바다는 날 보고 우뚝 섰다.

화수분

이따금 바람이
창문을 두드린다.

어둑새벽
여명의 빛이
투명한 기억들을 비춰인다

주는 행복은
시간이 지나면 사라지겠지만

화수분처럼
세상을 비춰이고 싶다

인생을 향기 가득한
꽃밭으로 만들고 싶다

어둑새벽 이슬에 젖은
내 인생의 화수분이 작아 보여

그리움 품은 가슴은
오늘도 해맞이 노래를 한다.

5부

장항포구

갈대

갈대는
세찬 바람에도

꺾이지 않는 것은 바람에게
몸을 맡겨 순응하기 때문이다

추위가 오기 전에
소리 없이 다가가

느슨한 인연에
끈을 바짝 동여매고

바람에 꺾이지 않는
유연한 삶을 살고 싶다.

그리움

끝이 보이지 않는
길을 향해 걷고 싶다

샘물이 마르지 않는
길을 향해 걷고 싶다

올해도 가는
봄을 붙들고 싶기 때문이다

인생은 한낱
꿈이라고 한 넌 어디에서 저무는가.

겨울 들길에서

겨울 들판을 걸으며
밤하늘의 별들을 바라본다

밤하늘이 아름다운 것은
별들의 노래가 있기 때문이다

아무리 예쁜 꽃도
향기가 없으면 무슨 소용인가

우뚝 선 나무도
열매를 맺지 못하면 무슨 소용인가

풍요로운 가을은
숱한 사연을 남기고
풀벌레 소리와 함께 떠났다

수많은 인연에
이제는 굴레의 덫을 벗어나

세상이 눈꽃처럼
하얗게 쌓이길 눈보라 기다린다

처마 밑 늙은 호박
알몸으로 눈꽃을 기다린다.

난초

여인의 눈썹 같은
이파리 손대지 마라

가까이 다가가면
몸을 틀어 날을 세운다

옥빛 구슬 같은
이파리 손대지 마라

애연히 부는 바람에
몸을 틀어 휘 늘어진다.

들국화

아픈 날
뒤돌아보지 마라

슬픈 사연 물들면
그윽한 향 날아간다

안개에 물든 들국화
무더기무더기 피었다.

보름달

때깔 좋게
북슬북슬
잘 익은 늙은 호박

저문 날
수많은 별을 멀리하고
어두운 삶 모두 모아
환한 밝음 주었다

부족함 없는 넌
몸 한쪽 허물어
멍든 가슴 풀어주고
하얀 꽃을 벙근다.

12월

삭풍에 시달린 겨울나무
밤새워 가며 바쁘게 살았는데
이제 너를 보내야만 하는구나

내 삶의 편린들도
어느새 황혼이 다가와
서쪽 하늘의 구름을 따른다

삶이란
지나고 보면 한순간

이젠
지워지지 않는
그리움의 무게를 덜 때

끝이 보이는
그리움 너머로
인연의 끈을 풀고
낯선 거리를 찾아 떠나간다.

어머니

아픔을 모르고
산 여인은
닥쳐올 한파에
얼굴을 묻고
서러워지는
눈물을 흘려야 했다

머 언
이국땅에
두고 온 자식
따뜻한 온기로
품에 안은 채

진정한
삶의 의미
가슴에 묻고
삶의 뒤안길에서
서성이다

깊어가는 세월에
아무도 없는
어둠 속을
홀로 울며 간다.

장항포구

전라도 군산에서
둑 건너면 충청도 장항

문명의 이기에
울어대는
갈매기 쫓아
찾아온 장항포구

화려한 네온사인
하나둘 꺼지고
낭만은
뱃고동 울리며
새만금으로 쓸려갔다

쉼 없는 파도에
밀려왔던 수많은 사람
반짝대는 은비늘에
마음을 주고받던 곳

이젠
빈 배만 남고
텅 빈 거리엔
토종가수 홀로 남아
슬픈 이별 노래 부른다

슬픈 연가에
노을은 붉게 물들고
물결이 쓸고 간 자리는
흔들리는 갈대꽃만 너풀거린다.

초승달

눈부신 태양이 뜨는 것은
낮달이 버티고 있기 때문이다

먹구름
어둠을 몰고 와 비를 뿌리고
매미가 밤새 울며 별들을 토해도

별똥의 불씨는
식어가는 응혈 진
태양을 뜨겁게 지피고

초승달은 은하수
장벽 뒤에 숨어
텅 빈 가슴을 메우러
태양을 맞는다

꺼지지 않는 불이 없고
식지 않는 태양도 없겠지만

너의 곁에서
희미한 불빛으로라도
의미 있는 존재가 되고 싶다

타오르는 불꽃에
눈이 부셔 너의 곁으론
다가가지 못해도

주는 기쁨을 누리고
너에게 꺼지지 않는 빛이 되고 싶다

눈부신 태양이 뜨는 것은
낮달이 버티고 있기 때문이다.

안개꽃

가슴에 맺힌
아픔이 삶의 스승이어서

한밤을 뒤척이다
새벽녘 달무리는 안개꽃을 피웠다

오늘을 사는 사람들
내일이 없는데 과거를 생각하랴

눈먼 세월은 쉴 곳 없는
나그네를 울부짖게 만든다

채워지지 않는 빈 가슴은
삶의 고뇌에 하루를 기대어 보아도

가슴의 고동 소리는
희뿌연 안개를 토해낸다.

풀꽃

젊은 날 인연은
들길에 넘쳐도

달빛 아래
이름 모를 풀꽃은

예쁜 꿈 숨기고
스스로 빛을 잃는다

내 안의 꿈도
나를 버려야 나를 찾는다.

화이트 크리스마스

거리에
간간이 들려오는
캐럴 송 읊조리며
수많은 사람들
틈에 끼어 휩쓸려 간다

어둠은 내리고
온천지가 하얀 밤
참다운 나를 찾아
서러운 마음 떠나보낸다

인생은
왔다가 사라지는
바람 같은 존재
우리들 이야기에
잊히지 않는 소망을 빈다

이제는

나를 던져
바람결에 겸손을 배우고
내 마음에 하얀 눈이
내리길 빈다

화이트 크리스마스.

평설

| 평설 |

수채화 같은 서정시의 전범典範
−이영국 시인의 시는 감성적 서정시이다

소재호

(시인, 전북예총 회장)

호프만 콤은 시를 일컬어 모순의 불꽃이라 했고, 위런 이란 사람은 시를 아이러니의 화염이라고 정의했다. 모순이든 아이러니든 어떤 사상事象들의 대립이나 대칭 관계를 합일시켜 차원 높은 단계로 승화시킨다는 뜻에 다름 아니다. 시를 이르는 정의나 담론은 필설로 다 일컬을 수 없이 많을 것이나 특별히 위의 두 가지 정의를 내세우는 것은 이영국 시인의 시 편편에서 보이는 특성에 저러한 경향들이 많이 녹아 있어서 저와 크게 다르지 않다는 생각이 스쳤기 때문이다. 가령〈가을 오후〉

의 시에서 '서리 내린 지붕 위엔/ 늙은 호박 하나/ 그 안에 숱한 애기들이 넘쳐나고/'에서 '서리 내린 지붕' '늙은 호박' 등은 함께 시들고 저무는 이미지를 띤 형상이다. 그런데 그 안에는 '숱한 이야기'가 넘쳐난다고 했다. 숱한 이야기는 생성의 이미지이다. 금빛 찬란한 이야기이다. 이 이야기는 과거의 추억일 수도 있겠으나 아름다운 이야기일 터이다. 또한 영원히 간직하고 싶은 사랑 이야기일 것이다. 생동하면서 과거에 머물지 않고 미래로 나아가는 형과 태를 표상한다. 영원한 그리움의 미학을 설파하는 것이기도 하리라. '겨울 들판에도 푸른 물결 넘친다'는 시구도 같은 논법이다. 겨울과 푸른 물결은 대칭의 상황이다. 겨울 들판에서 미래의 봄을 환상한다. 시는 3분지 2가 판타지라고 한다. 처음 가상의 이야기를 만들고 그 이야기를 변주해가면서 시의 세계는 건설된다고 한다. 가상의 이야기지만 사실은 현실에 실재하는 가장 사실적이고 절실한 형상을 유추로 끌어내 시의 무대 위에 올리는 것이다. 그리고 시적 배역으로 적확的確한 소재들로 엮어 세워 시라는 한 채의 신전을 세우는 것이다. 시 한 편은 한 채의 신전이라고 말한 사람은 보들레르이다. 그는 또한 자연은 제2의 신전이라고도 했다. 자연에서 경이적인 현상들을 만나며 거기에는 대립이 조화로 나가는 철리哲理가 숨어 있기 마련이다. 다시 아이러니한 시구를 하나 더 예로 들면, 〈인연〉이란 시에서 '삶의 애달픔 씻은/ 붉은 저녁노을/ 어찌 지침에 이운 빛이라고(하랴)/ 곱게 물든 환희의 홍조 아니랴//' 이 시구에서도 대립적 둘의 이미지가 하나되는 형상을 갖춘다. '붉은 노을'은 하루의 저물음이며 그러므로 몰락이자 쇠퇴이며 소멸의 직전 과정을 의미한다. 이를 뒤집어서 '환희의 홍조'라고 변환시킨다. 끝이 결국 처음이라는 묘한 역설도 암시된다. '환희의 홍조'는 다음날 새벽을 맞이할 예열豫熱일 터이다.

〈시처럼 음악처럼〉이란 시에서도 '나무가/ 꽃을 지우고 열매를 맺듯/........홍조 띤 그대 볼이 떠올라/ 시처럼 음악처럼 한 편의 시로 살고 싶다//'의 시는 매우 훌륭한 시이다. 꽃이 지는 마당에 열매를 상정하는 일은 예사롭지 않은 화법이다. 이영국 시인의 시에서 임은 멀리 떠나 있으되 그리움의 대상으로 언제나 영상으로 존재하는 임이다. 그 임은 홍조 띤 볼의 소유자이다. 떠난 자리에 영상으로 남은 일은 낙화 후의 열매와 등가적인 의미를 설정한다. 그러한 경우들은 가치 있고 아름다우며 영혼의 안식 같은 것이어서 이들을 '시처럼 음악처럼' 여기며 작가는 그렇게 살고자 한다고 했다. 그래서 결국 '한 편의 시가 한 채의 신전이요, 한 바탕의 인생'이 된 셈이니 이런 비약적 화법은 무척이나 시적 영명성을 갖추었다고 볼 수 있을 것이다.

  이영국 시에서 읽혀지는 다른 또 하나의 큰 맥락은 감상주의를 관통한 뒤 이에서 성큼 벗어나 이상적 푸른 언덕에 오른다는 점이다. 여릿여릿한 감상의 강줄기를 타다가 광활한 대해에 당도하여 미래의 수평선을 향하여 돛을 올리는 형국이다. 감상, 허무, 애조 등의 정서로 이어지다가 시의 말미에서는 대체로 해피엔딩의 수단을 부려 의연하고 초연하며 정중한 인생의 도를 펼치는 것이니 시의 고품격으로 여기서 결기를 갖춘다. 데카당스한 시 어휘들을 살펴보면, 슬픔, 떠남, 흘러감, 애절, 애상, 그리움 등의 상관속相關束으로 엮어서 허무, 무상, 공허 등의 표제를 얹을 듯 싶다. 그리움이란 어휘는 꼭은 데카당스한 어휘가 아니다. 지난 적에 대한 회상 시제의 애상인 듯 싶으나 한편 이는 현재 진행형의 연연함이요, 미래로 건너가는 아름다운 영상이므로 '그리움'은 부정적 심상으로 인식해서는 안 될 것이다. 과거에 대한 그리움을 미래의 푸르른 생명으로 환치해가는 테크닉이 절묘하다. 황량한 겨울 벌판에서 작가는 언제나 '푸른 잎 틔우'는 정경을 설정한다. 작가는 선언하되, 여생을 한 편의 시로 살고 싶다는 화두는 매우 인상적이다.

 그리고 그는 〈겨울 바다〉를 찾는다. 그 바닷가에서 〈내가 찾는 새는 떠났다〉고 독백한다. '추억의 강을 따라/ 시련의 숲 과/ 고통의 강을 지나// 불 꺼진 항구에서/ 스산한 내 마음은/ 저녁노을로 붉게 물들었다//…………끝이 없는 바다 위로 밤 하늘에 별이 가득한 그곳//' 작가의 시가 함유하는 이야기들이 명철들의 의미 깊은 담론 같기만 하다. 김남조 시인의 〈겨울 바다〉의 첫연에서 '겨울 바다에 가 보았지/ 미지未知의 새/ 보고 싶던 새들은 죽고 없었네//…….허무의 불/ 물이랑 위에 불붙어 있었네//…….더욱 뜨거운 기도의 문이 열리는/ 그런 영혼을 갖게 하소서//' 이미지가 서로 오버랩된다.

 이영국 시인의 시편들을 음미하면서 서정시의 전범임을 확인한다. 적절한 감상주의와 낭만성을 여미어, 가만히 서사적 이야기를 담아서 아름다운 정서의 형용으로 구조하는 서정시인 것이다. 짙게 애상적인 것도 아니고, 염세주의에 함몰된 것도 아니며, 아름다운 자연을 화폭에 담뿍 담아낸 수채화 같은 이미지의 시들로서 퍽이나 성공한 시편들이다.

이영국 시집

미완성 수채화

인쇄 2023년 11월 06일
발행 2023년 11월 11일

지은이 이영국
발행인 서정환
펴낸곳 신아출판사
주소 서울시 종로구 삼일대로 32길 36(익선동 30-6 운현신화타워) 305호
전화 (02) 3675-3885 · 2985
팩스 (063) 274-3131
이메일 sina321@hanmail.net
출판등록 제465-1984-000004호
인쇄·제본 신아문예사

저작권자 ⓒ 2023, 이영국
이 책의 저작권은 저자에게 있습니다. 서면에 의한 저자의 허락없이 내용의 일부를 인용하거나 발췌하는 것을 금합니다.
COPYRIGHT ⓒ 2023, by Lee Yeongguk
All right reserved including the rights of reproduction in whole or in part in any form.
저자와 협의, 인지는 생략합니다.
잘못된 책은 바꿔 드립니다.

ISBN 979-11-93055-98-4 03810
값 12,000원

Printed in KOREA